LES

ALLIANCES MUTUELLES

DES MAISONS DE

FRANCE ET DE SAVOIE

ET DE LEUR INFLUENCE

SUR LA POLITIQUE CONTEMPORAINE

Paris. — Imp. de la Librairie Nouvelle, A. Bourdilliat, 15, rue Bréda.

LES
ALLIANCES MUTUELLES

DES MAISONS DE

FRANCE ET DE SAVOIE

ET DE LEUR INFLUENCE

SUR LA POLITIQUE CONTEMPORAINE

PAR

JULIEN BOUDANT

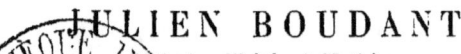

Employé au Ministère de l'Intérieur

« L'histoire s'inspire des grandes choses que le temps prépare.
» J. BENOIT.
(Revue Comparative des Temps.)

PARIS
LIBRAIRIE NOUVELLE
Boulevard des Italiens, 15

A. BOURDILLIAT ET Ce, ÉDITEURS

1861

A S. A. I. ET R.

LA PRINCESSE MARIE-CLOTILDE NAPOLÉON BONAPARTE

NÉE PRINCESSE DE SAVOIE

Madame,

Quelque imparfaite que soit cette œuvre, j'ose prier Votre Altesse Impériale et Royale de vouloir bien en accepter la dédicace, et de me permettre de déposer à ses pieds ce faible témoignage de mon admiration pour ses grâces et ses vertus.

Appelée à faire vivre plus fortement dans nos cœurs les sentiments d'affection et d'estime qui lient le Souverain illustre de la France à votre auguste père, vous saurez perpétuer à jamais l'alliance franco-sarde, et l'Italie régénérée, en se trouvant réunie sous le sceptre du roi Victor-Emmanuel, vous devra une grande part de son bonheur futur, à vous, Madame, qui lui aurez fait recouvrer son indépendance par votre influence souveraine sur votre éminent entourage.

Puisse cet humble travail offrir quelque intérêt à vos loisirs ; puisse-t-il surtout servir d'auxiliaire modeste à la grande œuvre entreprise par le Roi votre père.

Je supplie Votre Altesse Impériale et Royale de daigner agréer l'hommage du plus profond respect et de l'entier dévouement, avec lequel,

J'ai l'honneur,

    Madame,

        D'être son très-humble et très-obéissant serviteur,

            J. BOUDANT.

FRANCE ET SARDAIGNE

I

L'histoire ne doit pas se borner à raconter les exploits des guerriers illustres qui ont laissé leur nom attaché à celui d'une grande bataille ou d'un siége fameux, elle doit encore suivre, pas à pas, le progrès dans sa marche vacillante, tenir compte de ses efforts successifs, les faire connaître, les expliquer, les juger.

Elle doit, comme un phare lumineux, nous guider à travers le dédale des faits qui s'amoncèlent et s'enchaînent peu à peu dans le cours de la vie des peuples, nous les montrer vivants pour ainsi dire, sous nos yeux, nous les faire toucher du doigt, pour mieux nous convaincre, en tirer des conséquences justes et impartiales, et nous conduire ainsi par le raisonnement et la comparaison à la découverte de la vérité.

Elle doit, auxiliaire fidèle, aider la philosophie et la politique dans leurs recherches périlleuses du vrai et du bien, et leur servir en quelque sorte de piédestal et d'appui dans leurs luttes continuelles avec l'erreur et les principes si variés, si multiples de la démagogie.

Comme toute science, l'histoire a ses enseignements utiles et moraux ; soit qu'elle raconte, soit qu'elle discute, il ne ressort pas moins de sa narration ou de sa polémique des conséquences précieuses pour l'observateur qui en voudra faire son profit.

Elle nous offre dans le cours de la vie des nations où les événements, selon l'énergique expression de Bossuet, *se poussent avec les années, successivement comme des flots,* le spectacle intéressant des familles vivant confondues et mêlées comme des rejetons homogènes ayant tous une seule et commune origine.

Insensiblement, par l'élévation de leur cœur, par la noblesse de leur esprit, ou par la force de leur génie et de leur tempérament, quelques-unes de ces familles se distinguent, se font admirer de tous, et finissent alors par s'élever au pouvoir suprême, pour commander à leurs admirateurs, qui souvent les ont appelés, et ont choisi un de leurs membres qui pût, en marchant à leur tête, les conduire plus sûrement à travers les obstacles et les écueils dont est semée la route étroite de la gloire et de la vertu.

Telle a été, telle est encore, l'origine des maisons régnantes, qui s'élèvent au sommet des grandeurs et de la puissance, et méritent, avec l'admiration des âges, la reconnaissance des peuples.

Telle a été la maison de Savoie, dont j'essaye de rappeler, en cet opuscule, non les vertus et les exploits, mais simplement les alliances qu'elle a formées depuis plus de huit siècles avec la maison de France, et réciproquement celles de cette noble et glorieuse nation avec les ancêtres du futur roi d'Italie.

La dernière de toutes ces alliances, dont nous avons été témoins, il y a deux années à peine, le mariage du prince Napoléon (Jérôme), et de la princesse Marie-Clotilde de Savoie, nous présage une nouvelle ère de bonheur et d'entente cordiale : il a été conclu, en effet, dans cet esprit intelligent de dépendance volontaire, qui donne aux grands un sceptre paternel, et aux peuples une liberté noble et douce, une liberté tempérée par les lois de la morale et de la raison, la seule enfin qui convienne à des hommes qui savent et comprennent qu'ils faut, au pouvoir, le prestige pour faire le bien.

Mais, avant d'entrer dans l'énumération de ces nombreuses et brillantes unions, il nous semble opportun de remonter au berceau de la maison de Savoie. Son existence, pour nous servir d'un terme consacré, se perd dans la nuit des temps.

La Savoie a une origine commune avec le Piémont. On fait généralement descendre ces deux peuples des Allobroges, qui luttèrent avec tant d'énergie contre les Romains.

Ce petit pays présente donc une haute et respectable antiquité.

Une inscription qui date des Antonins se voit encore au village de Meyseri, dans le Chablais, et porte ce mot latin : *Sabadia*, dont plus tard on a fait *Sabandia*, *Sapadia*, *Saboja*, *Sabojia*, et enfin le nom français *Savoie*.

L'histoire nous apprend que cette modeste nation, fièrement assise au pied des Alpes, défendit héroïquement son autonomie d'abord, contre les vainqueurs du monde, puis contre les Bourguignons et les Francs. Forcée, à cause de son infériorité numérique, de plier sous le joug de ces différents maîtres, elle aspirait sans cesse au moment où elle pourrait reconquérir sa liberté.

Toutefois, ce n'est guère que vers le milieu du onzième siècle que la Savoie commence à sortir des brouillards qui environnaient son histoire. Humbert aux blanches mains parut, en effet, et de simple comte de Maurienne il devint tout à coup possesseur souverain de la Savoie aussi bien que du Chablais et des pays environnants.

Ce fut un don de l'empereur Conrad, qui voulut ainsi reconnaître les services que lui avait rendus le comte de Maurienne. Cet événement, source de grandeur naissante, et qui devait s'accroître de jour en jour pour la famille illustre dont nous nous efforçons de rechercher les origines et les titres, date de l'année 1036.

Humbert est la tige, historiquement connue, de la maison régnante de Savoie.

Les descendants du comte de Maurienne surent faire participer les peuples qui venaient de lui être confiés aux diverses entreprises qui ont signalé les contrées d'alentour, et, de la sorte, préparé les destinées particulières de chacun d'eux.

Le premier qui prit le titre de comte de Savoie fut Amédée II, et Amédée VII érigea ce pays en duché (1416).

Mais, le bandeau royal devait ceindre un jour le front des seigneurs de Savoie. Victor-Amédée II fut couronné roi de Sardaigne à Parme, le 24 décembre 1713. Englobée dans le nouveau royaume, la Savoie continua à se montrer grande et fière, jusqu'au moment de son annexion à la France, sous le nom de département du Mont-Blanc (27 novembre 1792).

La valeureuse Savoie, si fertile en grands hommes de tous genres, a fourni dix-sept généraux, soit à la République, soit à l'Empire.

Les traités désastreux de 1815 nous enlevèrent cette province, qui rentra sous la domination du roi de Sardaigne jusqu'à nos jours.

Elle vient de redevenir française, du commun accord du peuple et de son souverain légitime, sous le règne de l'Empereur Napoléon III.

Sa position, ses intérêts, sa religion, son génie, sa langue, tout concourt pour faire de la Savoie une fille à jamais unie à la France.

II

Ce n'est pas une étude stérile que celle qui nous met devant les yeux le tableau des diverses phases qui ont préparé depuis près de neuf siécles l'alliance solide et naturelle qui règne aujourd'hui entre les souverains de ces deux pays, si bien faits pour se comprendre, s'apprécier et s'encourager mutuellement dans cette grande voie régénératrice qu'on appelle le progrès.

A mesure que la civilisation se développe et nous fait jouir davantage de ses bienfaits, nous sommes plus fortement tentés de regarder en arrière pour y découvrir les traces du passé, et plus portés en même temps à admirer les effets produits par une cause puissante entre tant d'autres : je veux parler des alliances mutuelles contractées entre les Maisons de France et de Savoie.

Elles sont anciennes et nombreuses; glorieuses et recherchées de part et d'autre, elles n'ont pas peu contribué, croyons-nous, à consolider, après l'avoir fait naître, l'accord sympathique qui nous a réunis, Français et Piémontais, sur les mêmes champs de bataille, pour poursuivre le même but, mettre à exécution la pensée, rendre libre et indépendante une nation asservie et opprimée depuis si longtemps par le despotisme étranger.

Si nous feuilletons les annales de l'histoire, nous voyons remonter la première de ces alliances au commencement du douzième siècle. Et, hâtons-nous de le dire, il n'y en a pas eu moins de dix-neuf, nombre qu'aucune grande nation, en Europe, n'a, sans doute, relativement jamais égalé.

1. Le roi de France, Louis le Gros, épousa, en 1115, la fille du comte de Maurienne, Humbert II, dit le Renforcé.

Adélaïde de Savoie, devenue reine de France, apprit à son époux que, sans foi et sans religion, tous les efforts tentés pour favoriser l'institution des communes contre une féodalité aussi despotique que puissante, et ouvrir ainsi la première porte à la liberté dont nous jouissons, seraient peut-être restés sans résultat décisif, ou nous auraient ramenés seulement la sauvagerie barbare des anciennes républiques, qu'on serait tenté d'admirer davantage si on les trouvait plus humaines et moins turbulentes.

Cette première union préluda heureusement à celle que nous avons vue s'accomplir sous nos yeux, et qui rend de jour en jour à une terre trop longtemps courbée sous le joug de conquérants avides, sa dignité de nation libre et indépendante.

C'est dans cette entente cordiale, dans les deux familles, pour le soulagement et la délivrance progressive des peuples, que je trouve la cause de tous les mariages que j'énumère sommairement.

2. Le comte Philippe Ier épouse, un siècle et demi plus tard, en 1267, Alix de Méranie, comtesse de Bourgogne.

3. Édouard de Savoie, fils d'Amédée V, dit le Grand, obtint la main de Blanche de Bourgogne, fille du comte Robert II, en 1307.

Andronic, empereur d'Orient, était son beau-frère. Cette circonstance porta le comte Amédée à se rendre à Avignon pour y prier le pape Jean XXII de prêcher une croisade en faveur d'Andronic, menacé par les Infidèles. Cette expédition n'eut point lieu; autrement, comme naguère en Crimée, on eût vu l'oriflamme de la France briller tout auprès de la croix, qu'un exploit fameux (la délivrance du siége de Rhodes) venait d'introduire dans les armes de Savoie.

4. En 1354, nous voyons s'unir Amédée VI, surnommé le *comte vert*, parce qu'il avait paru sous une livrée verte dans un tournoi, à Bonne de Bourbon, belle-sœur du roi de France

Charles V. C'est ce même Amédée VI qui courut en Grèce au secours de Jean Paléologue, et l'arracha des mains du roi de Bulgarie. Longtemps on le regarda comme l'arbitre de l'Italie et le défenseur des papes. Cette quatrième union prend une importance véritable, et resserre de plus en plus l'amitié des deux peuples.

L'Angleterre, aujourd'hui notre alliée, venait de renouveler ses hostilités habituelles envers notre pays; mais les fils de l'héroïque Savoie étaient à nos côtés, et l'ennemi subit une honteuse défaite.

Nation généreuse et brave, un jour, et avec usure, la France te rendra tout ce que tu lui auras prêté en vaillance et en dévouement.

Mais poursuivons l'énumération de ces alliances.

5. Amédée VII, dit *le Rouge*, qui accompagna le roi de France Charles VII en Flandre et contribua à la prise d'Ypres, épouse, en 1376, Bonne de Berry, fille du duc Jean.

6. Amédée VIII avait épousé, le 30 octobre 1393, Marie de Bourgogne qui, la première, fut duchesse de Savoie.

La modération et la sagesse qui avaient constamment inspiré les actes de ce prince, l'avaient fait surnommer *le Pacifique*, le Salomon de son siècle. A la mort de la duchesse, un schisme effrayant déchirait alors l'Église. Les Pères du concile de Bâle pensèrent que nul au monde ne saurait mieux ramener le calme autour de la barque de saint Pierre, et, d'une voix unanime, Amédée de Savoie fut élevé au souverain pontificat. En effet, sous la tiare des papes comme sous la couronne des ducs, Amédée VIII, connu désormais sous le nom de Félix V, montra cette mansuétude qui fit le bonheur de tous ceux qui vécurent sous son gouvernement [1].

7. La fille du roi de France Charles VII, Yolande de France, sœur de Louis XI, fût mariée à Amédée IX, prince aussi distingué par ses vertus guerrières que par ses vertus chrétiennes. Sa charité ne connaissait pas de bornes. La compagne que la France lui avait donnée, le secondait merveilleusement dans toutes ses œuvres, image de ce que fait tous les jours une femme adorée sur le trône de France.

L'époux d'Yolande mourut en odeur de sainteté, en l'année 1472. Les peuples, inspirés par l'Église, ont ajouté à son nom le titre de *bienheureux*.

8 et 9. Philippe II épousa Marguerite de Bourbon, le 6 janvier 1472, et sa fille, la fameuse Louise de Savoie, mère du roi gentilhomme François Ier, avait été mariée au comte d'Angoulêmes Charles de Valois.

---

[1] Æneas Sylvius, Poggio, Raynaldus, Monstrelet, etc.

On sait le rôle que joua cette princesse et la part qu'elle eut dans la défection du connétable de Bourbon.

C'est à cette époque que nous voyons grandir les ducs de Savoie, dont on recherche l'alliance politique et dont on commence à redouter l'influence sur tel ou tel parti.

Cette histoire devient plus intéressante encore à mesure qu'on avance vers les temps contemporains, où l'on peut remarquer plus directement l'accroissement du pouvoir de cette célèbre Maison.

10. Après le traité de Cateau-Cambrésis, le duc Emmanuel Philibert épouse Marguerite de France, sœur du roi Henri II, le 9 juillet 1559.

Charles-Emmanuel voulut épouser la sœur du roi Henri IV, Catherine de Bourbon, princesse de Navarre, mais la politique y vint mettre obstacle: la Savoie croyait, à ce moment, avoir besoin de l'Espagne, et Charles-Emmanuel devint le conjoint de l'infante Catherine.

11. La sœur de Louis XIII, la fille de Henri IV, Christine de France, donna sa main, le 10 février 1619, à un prince de Piémont qui plus tard devint Victor-Amédée Ier.

Ce prince illustre par son courage avait été nommé généralissime des troupes françaises qui devaient agir en Italie pendant la guerre de *trente ans*.

Christine de France protégea les lettres, et son nom même se trouve attaché à un grand ouvrage [1], où sont rappelés les titres de sa famille au respect des peuples.

12 et 13. Thomas-François de Savoie épouse, en 1624, Marie de Bourbon, fille du comte Charles de Soissons, et Françoise de France, fille de Gaston d'Orléans, est mariée à Charles-Emmanuel II, le 14 mars 1663.

14. Victor-Amédée II épouse, le 16 avril 1684, Anne-Marie d'Orléans.

Ce fut ce prince qui fonda le royaume de Sardaigne en 1718. Philippe V, à la paix d'Utrecht, lui avait fait l'abandon de la Sicile. Cet abandon fut confirmé par l'empereur Charles VI, après le traité de la quadruple alliance. La Sardaigne alors fut donnée en échange de la Sicile à Victor-Amédée, qui prit le titre de roi, transmis jusqu'à nos jours à ses successeurs et descendants légitimes.

Ce monarque s'est rendu célèbre par son génie. Il fit rédiger un code de législation très-remarquable à la même époque où, dans leurs États réciproques, le roi de Prusse et l'impératrice Catherine II avaient déjà donné l'initiative.

---

[1] *Histoire généalogique de la maison Royale de Savoie*, par M. Guichenon, historien du roi, dédiée à Mme Chrestienne de France.

Nous voici parvenus à l'époque la plus significative, peut-être, et la plus précieuse en résultats politiques.

15. Le dauphin Louis de Bourgogne, qui mourut si malheureusement pour la France, quelques années plus tard, à Meudon, avait épousé, le 7 décembre 1697, Marie-Adélaïde de Savoie, l'enfant gâtée de la cour de Louis XIV, la belle-fille chérie du grand roi. Des mémoires rapportent que l'affection du roi pour elle en était arrivée à ce point, qu'il la laissait pénétrer dans son cabinet et fouiller à son aise dans les papiers les plus importants et les plus secrets, ne craignant pas qu'elle dévoilât sa politique au duc de Savoie, Victor-Amédée II, son père. Et cependant, il faut bien l'avouer, avec toutes ses grâces, sa beauté, son esprit charmant, la jolie duchesse de Bourgogne nous trahissait. Hélas! elle ne devait pas nous trahir assez longtemps, dans sa joie et sa malignité piquante, pour pouvoir prolonger par ses soins la vieillesse du grand roi, qui n'aimait qu'elle!...

Elle suivit de près dans la tombe celui à qui elle avait donné sa main, et Louis XIV, atterré, chercha en vain depuis, quelqu'un qui le comprît, l'encourageât ou le consolât.

Ce mariage du duc de Bourgogne avec la duchesse Marie-Adélaïde de Savoie était la quinzième alliance contractée entre les deux royales maisons.

Près d'un siècle s'écoule ; et alors nous voyons une triple alliance, qui prépare, cette fois, d'une façon définitive cette parfaite union des souverains et des peuples, union qui nous a fait parcourir si glorieusement ensemble cette récente épopée, qui commence dans les plaines de Palestro, et finit, après cinq batailles et cinq victoires, sur les hauteurs de Solferino.

16. Le comte de Provence, qui devint le roi Louis XVIII, avait épousé, en 1771, Joséphine de Savoie.

17. Le comte d'Artois, plus tard Charles X et Marie-Thérèse de Savoie, avaient été mariés en 1778.

18. Mais l'alliance la plus importante, celle dont l'histoire ne semble peut-être pas assez se souvenir, vient se placer entre ces deux dernières. Une sœur de Louis XVI, Clotilde de France, épousa, en 1775, Charles-Emmanuel de Savoie, fils du roi de Sardaigne Victor-Amédée III.

Ce fait que les historiens modernes ont un peu laissé dans l'oubli, se trouve constaté par une médaille très-curieuse, représentant d'un côté le prince et la princesse, et de l'autre on voit la figure du roi de Sardaigne.

On lit sur cette médaille [1] :

Communi populorum gaudio.
Caroli. Em. Ferd. P. P. Nuptiæ cum M. A. Clotilde
Gall. R. Sorore. M. D. C. C. L. X. X. V.

---

[1] Cette médaille fait partie d'une collection fort curieuse appartenant à M. Largé, inspecteur d'académie à Clermont-Ferrand.

Elle était frappée à la joie commune de deux peuples, à leur entente, à leur amitié.

La princesse Clotilde fit l'admiration du peuple sarde.

Par sa force d'âme, par son énergique résignation dans le malheur, et dans les mauvaises chances de la fortune, comme aussi par sa modestie sur le trône et dans les grandeurs, par sa mort édifiante surtout, elle acquit la gloire d'être déclarée *vénérable*[1], et la congrégation des Rites, en 1808, ordonna de continuer l'instruction de son procès.

La princesse Clotilde de France réunissait les grâces les plus charmantes : à la beauté, à l'esprit, aux vertus religieuses, elle savait joindre une vertu politique qui rappelait sans cesse qu'elle était Française ; et par tous les moyens qui sont à la disposition d'une femme supérieure et d'une reine, elle cimenta avec une persévérance admirable, les sentiments de sympathie et de fraternité qui règnent aujourd'hui entre la France et le Piémont.

---

[1] *Vie des Saints.*

III

Quand la Restauration s'écroula comme un vieux château féodal un instant relevé sur ses ruines, mais miné à la base et dans ses fondements les plus solides; quand elle s'éteignit en 1830, sous le souffle des ans et des révolutions successives qui, depuis 1789, avaient sapé, pour ainsi dire, les principes arriérés de la monarchie absolue; quand le peuple, après bien des efforts, fut appelé, lui aussi, à jouir de la gloire ou à souffrir des déceptions qui n'avaient, jusque-là, pu aborder que le trône; quand la civilisation nous eut ouvert ses trésors, et que le progrès, ce grand bienfaiteur des nations, nous eut permis d'y puiser à notre aise, pour en obtenir, chacun à sa façon, des résultats heureux pour les masses, heureux surtout pour les princes qui surent les en laisser profiter généreusement, on vit en France un spectacle qui devait émouvoir peu à peu et d'une manière universelle les observateurs attentifs et prudents de la politique de l'avenir. D'un côté, le vieux parti s'attachant avec rage et impuissance aux débris étouffés de la royauté défunte ; de l'autre, le nouveau, à la tête duquel on voit marcher les idées créatrices, qui bientôt passent de la théorie à l'application progressive, au moyen d'hommes éminents qui doivent les développer et les faire vivre : la lutte engagée entre le passé et l'avenir, et le présent victorieux écrasant les anciens préjugés, et faisant désormais espérer des doctrines plus équitables, des principes reliés davantage à ceux qu'inspire la conscience du beau et du vrai.

Et ce n'est pas seulement en France que nous voyons le drapeau du progrès flotter avec éclat, il brille également en Grèce, dans la barbare Afrique, en Italie, sur le Liban et jusque dans les mers les plus reculées de la Chine. Mais tant d'efforts ne seront pas immédiatement couronnés de succès ; « il est dans la destinée des nations comme des individus, de n'arriver que par degrés à l'initiation des nobles et grandes choses[1]. »

A la même époque où éclata chez nous la révolution de 1830,

---

[1] Ballanche. *Palingénésie sociale*.

le roi de Sardaigne, Charles-Félix, mourait sans enfants, et laissait son trône entre les mains de son frère, le duc Charles-Albert de Savoie-Carignan, qui s'est fait admirer de ses contemporains par la grandeur de son génie, l'amour de son peuple, et surtout, ce qui fit sa gloire, la pensée grandiose qui domina tous ses actes, celle d'affranchir du joug de l'Autriche une nation souveraine autrefois, asservie et mourante il n'y a que quelques jours encore, l'Italie enfin, la reine du monde, la patrie des arts et la mère de tant de héros.

On regrette de ne pas rencontrer dans l'histoire un plus grand nombre de ces modèles à citer. Le roi Charles-Albert, malheureux, n'a fait que mériter davantage la palme que lui décernera la postérité !

Il était douloureux de voir ces grands débris de l'ancien empire d'Occident mourir de désespoir et de honte dans un indigne esclavage, sans qu'un homme, envoyé de Dieu, vînt se mettre à leur tête et les convier à refaire ensemble et d'un commun effort, la conquête de leur indépendance et de leur liberté.

Cet homme providentiel apparut dans Charles-Albert qui, toute sa vie, fut absorbé par cette grande pensée : *l'Indépendance et l'unité italienne.*

Oui, et ce fait n'est pas assez connu, le projet de l'Italie une et indépendante sous le sceptre du roi de Sardaigne, existait déjà à cette époque. Une médaille fort curieuse, frappée avant la bataille de Novare, représente, d'un côté, Charles-Albert *roi d'Italie*, et de l'autre, le pape Pie IX, *souverain pontife*. Les grands événements qui se discutent de nos jours avaient donc été conçus sous le règne du père de Victor-Emmanuel II, appelé, aujourd'hui, à les conduire à bonne fin.

Mais, hélas ! le moment n'était pas venu. Il ne devait pas être donné à ce héros d'accomplir ce grand projet qu'il avait bâti dans son imagination gigantesque, et qu'il brûlait de voir réussir avec son cœur *d'Italien*.

L'Autriche devait faire peser, de longs jours encore, son despotisme navrant sur ce grand peuple esclave, qui ne sentait pas assez, dans sa légèreté habituelle, la main de fer, cette main de l'étranger, dont la pression l'écrasait de ses rigueurs.

Ici qu'on veuille bien nous permettre de rendre hommage à l'un de ces rares génies qui apparaissent, à travers les siècles, comme des météores destinés à éclairer le monde, et laissent partout derrière eux, comme des germes de grands sentiments qui bouillonnent dans les cœurs, fermentent dans les esprits, et parviennent enfin à se faire jour à travers les difficultés incessantes qui entourent toute initiative heureuse d'un patriotisme naissant.

J'ai nommé lord Byron qui, à Venise, étudia la question de près ; et quand il l'eut approfondie, il jeta quelques-unes de ces paroles brûlantes qui ont avivé peu à peu ces peuples engourdis, et les ont préparés à une régénération sublime dont il ne devait pas être témoin lui-même.

Cœur ardent, toujours prêt à s'identifier avec la douleur, le grand poëte, avec le sérieux d'un pair d'Angleterre, se répandit en exhortations admirables qui restèrent sans fruit jusqu'à nos jours : et dans sa magnifique prophétie du Dante, où il fait d'une manière si touchante ses adieux à l'Italie, il nous fait, un instant, nous croire plus vieux de quarante ans ; et si nous comparons ses conseils salutaires restés cependant sans écho, à la proclamation que l'empereur Napoléon III adressa aux Italiens après Villafranca, nous nous sentons, malgré nous, saisis de la ressemblance des idées et de l'identité des sentiments du lord-poëte avec l'homme d'État et le héros qui commande si glorieusement à la première nation de l'Europe contemporaine.

S'il fallait que la mesure fût au comble pour que le coup fût plus lourd et plus irrévocablement frappé, la circonstance ne se fit pas attendre. Dans les derniers jours du mois d'avril 1859, l'armée de l'empereur d'Autriche recevait l'ordre d'envahir les États du roi de Sardaigne.

Nous voici, par cette digression même, conduits à la cause principale des grands événements qui, tout récemment, se sont déroulés devant nous.

On irait en vain chercher de nouvelles raisons pour expliquer comment ce grand fait de l'affranchissement de l'Italie s'est réalisé de nos jours en moins d'une année. Reste, il est vrai, la Vénétie, mais on s'occupe de son rachat et de sa libération par voie diplomatique. Quant à Rome, la solution proposée au Sénat par S. A. le prince Napoléon nous paraît fort applicable, et nous ne pouvons que faire des vœux pour que ce projet se réalise entièrement. Le pape au Vatican, Victor-Emmanuel au Capitole, le temporel séparé du spirituel, la liberté planant sur les lambeaux de l'anarchie cléricale, tel est le spectacle que nous espérons bientôt voir apparaître en Italie.

Mais, pour revenir à notre sujet, disons-le sans plus attendre, nous trouvons notre conclusion toute naturelle dans un dix-neuvième mariage contracté entre la maison de France et la maison de Savoie : alliance décisive et glorieuse, qui devait, par ses résultats, bouleverser le monde, et n'a fait que le tenir en extase devant la puissance de nos armes et la justice de la cause qu'elles allaient défendre.

Le 23 janvier 1859, le maréchal Niel est chargé par l'Empereur de demander au roi de Sardaigne la main de la princesse Marie-Clotilde pour son cousin le prince Napoléon.

Le 29 du même mois, le contrat était signé ; et ce fut ce mariage, inspiré par une alliance politique qui devait être si fatale à l'Autriche, qui commença la série de ces luttes courageuses d'où sont sorties l'indépendance d'un grand peuple et sa liberté encore au berceau !

Heureuse union ! qui devait apporter à la France tant de gloire et de sympathies de la part d'une nation sœur qui, dans l'avenir saura faire revivre à nos yeux l'héroïque valeur de ses ancêtres, et pour qui l'histoire aura encore de grandes et belles pages à écrire et de hauts faits à signaler au jugement avide de la postérité.

La triple alliance de 1771, 1775 et 1778 consolida les liens qui unissaient la Sardaigne à la France.

La princesse Clotilde de France fut le moteur des sentiments d'affection qui portèrent sans cesse la Sardaigne à tourner ses regards vers nous pour accomplir son grand et patriotique projet.

La princesse Clotilde de Savoie est venue resserrer encore, avec l'union des souverains, l'amitié des deux peuples alliés.

« Par sa piété, par ses charmes, elle semble, comme l'a dit l'évêque de Troyes dans un panégyrique célèbre [1], rappeler parmi nous la vénérable Clotilde de France, reine de Sardaigne. » Et ainsi, après dix-neuf alliances entre la Maison de France et la Maison de Savoie, nous sommes naturellement conduits à voir la noble et courageuse initiative de la Sardaigne arriver à ce grand résultat tant désiré des peuples italiens, à savoir, la réunion des nationalités sous le sceptre de Victor-Emmanuel, roi d'Italie.

Puisse le nouveau souverain unitaire n'oublier jamais, au Capitole, que ses ancêtres ont toujours favorisé et soutenu l'indépendance *spirituelle* des papes, pour que les jalousies inter-

---

[1] Panégyrique de S. A. I. et R. le prince Jérôme Napoléon, ex-roi de Westphalie.

nationales ne deviennent pas un obstacle au libre gouvernement de l'Église. Car c'est la disparition de ce pouvoir d'en haut, si nécessaire à la pondération des pouvoirs humains, qui a ramené en Asie une ignorance honteuse, un despotisme effrayant, et laissé faire en d'autres lieux des constitutions si peu égalitaires.

Le catholicisme est un astre étincelant qui traverse les siècles, éclairant de ses rayons ceux-là même qui lui tournent le dos : et la morale, a dit un libre penseur, a été chrétienne avant d'être philosophique [1].

Puisse donc cette dernière alliance entre les deux Maisons de France et de Savoie contribuer, par les conseils éclairés de leurs représentants, à obtenir du saint-siége des réformes sages et utiles, devenues nécessaires pour éviter des révolutions dangereuses et imminentes.

Puisse-t-elle contribuer à la paix du monde ! et rappeler sans cesse aux libérateurs de l'Italie que, pour détruire à jamais la domination autrichienne, une femme a plus fait que bien des diplomates et des guerres sanglantes et meurtrières.

Puisse, enfin, de ce modeste travail ressortir cette conséquence réelle, à savoir, que ces dix-neuf mariages ont eu et conserveront une influence immense sur la destinée des souverains et des peuples, aussi bien que sur l'équilibre, désormais solide, du monde européen.

---

[1] Jean-Jacques Rousseau.

Autrefois, un grand monarque a pu dire : « Il n'y a plus de Pyrénées ! » Nous aussi, nous avons droit de nous écrier : Les Alpes se sont abaissées devant la France moderne ! Entre l'aigle de l'Empire et la croix de Savoie, il y aura toujours communauté de gloire et d'intérêts. Parmi les deux souverains, comme parmi les deux peuples, on verra régner une harmonie constante !

Tels sont nos vœux ! Tels sont les sentiments que nous avons puisés dans notre dévouement à l'Empereur et dans notre amour pour le pays, aussi bien que dans notre sympathie pour la courageuse et noble initiative du Piémont pour refaire de l'Italie une grande nation, et des Italiens un grand peuple.

Vous tous qui vous êtes donnés si unanimement à celui qui avait su vous affranchir, ayez confiance ! Il saura toujours, et l'épée à la main, faire respecter son trône et les États libres et unis désormais, qui lui ont confié leur défense et leurs destinées !

Mars, 1861.

FIN.

www.ingramcontent.com/pod-product-compliance
Lightning Source LLC
Chambersburg PA
CBHW070443080426
42451CB00025B/1329